AF509384

LIBERTÉ. ÉGALITÉ.

DISCOURS

PRONONCÉ

PAR LE CITOYEN DUCHATEAU,

Pasteur de la Paroisse de Frelinghien
et Pont - Rouge,

*A la Société Populaire & Révolutionnaire
d'Armentières, tenant ses Séances dans
la ci - devant Église des Sœurs - grises,
le 4 Brumaire, l'an deuxième de la
République Françoise, une & indivisible,
& à celle de Lille, le 21 du même mois.*

Quelle étonnante métamorphose! Citoyens
Républicains, ce Temple, autrefois consacré
aux folies du fanatisme le plus hideux, au

triomphe des prestiges & des préjugés les plus vils, à l'amour de l'erreur & de l'esclavage, à la superstition enfin, & au bonheur hypocrite de cette classe de folles & de fous religieux dont chaque passion étoit, pour ainsi dire, un objet de culte pour le peuple insensé & crédule, accoutumé à ne voir en elles & en eux que les ministres & les organes sacrés d'un Dieu qu'ils ne cessoient de lui présenter comme l'implacable ennemi de la philosophie & de la raison; ce temple, dis-je, devient aujourd'hui l'asile heureux où la nature, l'humanité, le bon sens & la vérité vont, d'une main hardie, déchirer le voile affreux du délire & de l'ignorance, pour éclairer, instruire & sauver les restes précieux de ce peuple aveuglé sur ses propres intérêts civils & religieux par le charlatanisme & la friponnerie de ses anciens prêtres proscrits & abhorrés.

Heureux ces hommes rares, ces génies courageux qui, pressés par un esprit & un cœur droit, avant le tems même marqué par le doigt du destin, pour le renversement du despotisme & de la tyrannie, ont osé dire au peuple abruti : » Peuple ! reconnois » ta puissance ! sors un instant de ta funeste » létargie ; c'est toi qui est le souverain ; » tous ceux qu'on qualifie de cet auguste » nom sont des usurpateurs, il n'y a de » plus grand que toi que les lois que tu » fais ; regnes donc, puisqu'à toi seul ap- » partient de regner ; ne languis pas plus

(3)

» long-tems sous la verge de fer de ces in-
» sectes ingrats que tu as si souvent engraissés
» de tes sueurs méprisées; apprends, Peuple
» souverain, que tes Rois, tes Nobles, tes
» Privilégiés & tes Prêtres théologiens, sont
» autant de monstres qui te dévorent au
» physique, en t'abusant au moral. Ces castes
» étrangères à la nature sont les plus ter-
» ribles fléaux que l'Être suprême ait pu jetter
» sur la terre pour te punir d'avoir abjuré,
» en leur faveur, tes droits inaliénables,
» la Liberté & l'Égalité » !

Heureux aussi ces hommes vraiment nés pour
le bonheur de leurs semblables, dont le génie
fécond & ardent sût résister aux efforts combi-
nés & homicides de l'aristocratie & de l'intolérance, contre lesquels la masse saine du peuple désabusé osa lever un front hardi & me-
naçant, lorsque l'impulsion fut donnée à son
désir inné d'abattre & de terrasser le colosse
affreux & destructeur des droits de l'homme
& du citoyen.

Heureux enfin ceux qui, pendant cette
commotion rédoutable, où le peuple ressus-
cité lançoit ses foudres exterminateurs sur
ses Tyrans abattus, employèrent leur crédit
& leurs talens philosophiques à répandre par-
tout les lumières & les principes du droit
naturel jusques-là dégradé ; qui, s'élevant
à la hauteur des circonstances propices dans
ce choc terrible des intérêts & des passions
révoltées, publièrent que le salut du peuple étoit la suprême loi ; & qui, ne se laissant

jamais intimider par les menaces impuissantes
de la Noblesse, ni tromper par les flagor-
neries astucieuses du Clergé, ont toujours
dirigé le bras vengeur du peuple souverain
contre les prétentions & les fureurs de ces
heureux du siècle, dont tous les vices avoient
composé le limon original, & dont toutes
les actions portoient bien plus le caractère
de l'animal machine, que de l'homme pensant.

En effet, que vous offroient-elles, Peuple
esclave, ces corporations nobiliaires & ecclésiastiques, avant l'époque de notre célèbre
révolution, en dédommagement de l'odieuse
ligne de démarcation que leur ambition ridi-
cule & leur orgueil impudent avoit mise
entre eux & vous ? . . . . La
Noblesse altière n'offroit à vos corps que
des fers, à vos mains que des chaînes, que
son caprice & sa vanité rivoient plus forte-
ment tous les jours, en souriant à la mo-
lesse & à l'abondance, tandis qu'écrasés
sous le poids révoltant des humiliations,
des entraves & des impôts arbitraires, vous
osiez à peine mordre deux fois le jour le
pain grossier que vos larmes mouilloient
incessamment.

Que vous présentoient - ils ces Despotes
couronnés, ces Tyrans annoblis & tous ces
riches accapareurs du sang humain, montés
sur les trônes de la rapine & de l'improbité,
en reconnoissance de votre industrie & de
vos travaux bienfaisans ? . . . . Une
existence fastueuse & libertine, un mépris

toujours injurieux, une protection toujours
perfide & des mœurs criminellement insa-
tiables en fait de corruption ; tandis que,
rampants à leurs pieds, & persécutés par
des besoins toujours renaissans, vous traî-
niez, dans la misère & dans la servitude,
une vie honteuse & languissante, dont chaque
jour étoit marqué par l'inquiétude & le chagrin.

Voilà, Peuple républicain, les idoles que
vous avez si long-tems révérées ; voilà les
divinités affreuses à qui vous avez si long-
tems prodigué des couronnes, des titres &
des dignités qui dégradoient l'espèce humaine ;
ces Dieux infernaux que vous adoriez en
tremblant, en mettant le comble à la mesure de leurs iniquités, vous ont aidés eux-
mêmes à hâter leur chûte épouvantable. Dès
que vous avez ouvert les yeux à l'éternel
flambeau de la vérité, Peuple souverain, dès
que vous avez élevé sur leur tête sacrilège,
le trident vigoureux de votre colère, ces
vautours dispersés ont fui nos régions sa-
lutaires, pour aller habiter des contrées sau-
vages dignes de leur scélératesse & de leur
férocité.

Mais c'étoit peu, Républicains, d'avoir
déraciné & renversé l'arbre généalogique des
folies humaines, dont les fruits amers & em-
poisonnés servoient d'alimens aux deux tiers
des François opprimés, il falloit encore por-
ter la hache au pied du cèdre ecclésiastique
dont les rameaux théologiques étouffoient
tous les germes de l'esprit humain. Papes,

B

Cardinaux, Archevêques, Evêques, Abbés, Moines, Prieurs, Religieux, Chanoines, Chanoinesses & Religieuses, tous ces noms burlesques, souvent appliqués à des êtres plus burlesques encore, indiquoient une corporation soi-disant divine, qui, en masse, étoit aussi redoutable que vicieuse. En possession, selon elle, des droits de la divinité & des secrets de l'Être suprême, qui n'agissoit ici-bas que par le ministère de ses membres, il étoit naturel que sa domination s'étendit aussi loin que sa volonté sur les Peuples qu'elle captivoit, & qu'elle vouloit bien, par fois, favoriser à prix d'argent de quelques-unes de ses célestes prérogatives. Il étoit naturel aussi que, distribuant aux hommes le royaume des cieux, les hommes distribuassent à ces vrais élus du ciel les royaumes de la terre..... Mais, comment se faisoit-il que ces êtres tous divins, qui prétendoient que l'empire des consciences leur appartenoit, ne gouvernassent jamais la leur selon les principes du sublime évangile dont ils nous prêchoient si chaudement les excellentes vérités pour leurs propres intérêts?.....

Ils savoient, en conscience, d'après les préceptes & les règles de leur divin fondateur, que leur royaume n'étoit pas de ce monde... Eh bien, Citoyens, nommez-moi quelque chose de ce monde dont ils n'usoient pas abondamment..... Ils savoient, en conscience, qu'ils étoient obligés de donner aux

Peuples, dans tous les tems & dans toutes les circonstances, l'exemple de la pratique des vertus civiles & morales..... Eh bien ! ouvrez l'histoire des siècles modernes; vous y verrez toujours les états ecclésiastiques & monastiques en rébellion ouverte contre l'autorité du souverain, dès qu'elle exigeoit quelque sacrifice de leurs richesses, ou de leurs priviléges; mais toujours d'accord avec le despote, lorsqu'il écrasoit ses sujets de subsides autant injustes qu'onéreux; vous y verrez leur ambition & leur orgueil employer les moyens les plus infâmes pour occuper les charges & les dignités ; leur avarice & leur égoïsme tourmenter saintement la bourse du riche, & voler pieusement le denier du pauvre pour grossir leur trésor ; leur libertinage & leur sensualité couverts du manteau de l'hypocrisie, inspirer de la défiance aux époux, alarmer les pères sur le sort de leurs filles, & ruiner les maisons les plus accréditées par leurs assiduités dispendieuses; vous y verrez enfin, comme dit très - bien un ancien auteur, que, *si parmi les gens d'église il y eut quelques bons Chrétiens, il y eut toujours très-peu de bons Citoyens, parce que ces animaux célestes,* continue-t-il, *se gardoient bien de prendre la dîme sur les misères de la terre.*

En effet, Citoyens républicains, vous les avez vus, dans les premiers jours de notre heureuse révolution, se livrer au plus grand enthousiasme en prononçant le premier serment exigé par la Loi, parce qu'il n'étoit point alors question de leur prouver que, ne travaillant en ce monde qu'au profit du ciel, le ciel devoit, s'il le jugeoit à propos, leur donner un ample superflu, puisqu'il est tout naturel que chacun vive de ce qu'il gagne, ou du moins qu'en profitant du travail d'un autre, il mesure son appétit au sien.

Cependant, malgré les préceptes de l'évangile & de la raison, malgré les lois de la nature & de la charité, à quels excès affreux ne se sont point portées ces bandes ecclésiastiques & monastiques, lorsque par les décrets les plus sages, on a voulu les ramener à leur première institution, & les obliger à renoncer à l'habitude du scandale & du déréglement des mœurs ? Alors, oubliant que les premières vertus de leur état devoient être l'humilité, la patience, la pauvreté, la prudence & la clémence, ils ont employé les ressorts les plus dangereux pour armer le Peuple contre cette nouvelle Constitution qu'ils avoient eux-mêmes préconisée, quand il ne s'agissoit point de leurs fortunes & de leurs jouissances personnelles. C'est alors qu'ils se sont sans scrupule détachés du ciel pour déclarer la guerre à leur patrie gémissante de leur atroce ingratitude.

C'est alors qu'ils ont empoisonné ces mêmes consciences qu'ils devoient fortifier & guérir de leurs craintes pusillanimes ; c'est alors qu'ils ont porté le fer & le feu dans les villes & les campagnes, & qu'ils y sont devenus des homicides intolérans ; c'est alors enfin ; qu'après avoir perdu une partie de leur troupeau crédule , ils se sont perdus eux-mêmes. Bon voyage donc à tous ces ci-devant Nobles , nourris dans l'abondance ; à tous ces ci-devant Evêques , Abbés , Chanoines, Prieurs & Curés bouffis d'orgueils & de sensualité ; bon voyage même à tous ces insectes religieux & à toutes ces chenilles religieuses dont le pieux métier étoit de dévorer la substance du Peuple & de s'engraisser de sa sotte prodigalité ; en attendant que la mâne du ciel leur tombe dans les déserts qu'ils parcourent, réjouissons-nous de les voir manger le pain amer de la punition qu'ils ont mérité.

Cependant, Citoyens Républicains, à ces prétendus défenseurs hypocrites de la vraie religion qu'ils outrageoient en se révoltant contre la loi civile à laquelle leur divin fondateur s'est toujours soumis, devoient succéder des ministres - citoyens nommés par le peuple, à qui seul le droit de se donner des pasteurs a toujours appartenu : mais, étoit-ce assez d'être prêtre pour mériter un emploi aussi important ? non , Citoyens ! Il falloit des ministres qui n'eussent plus rien de ce titre si souvent dégradé dans l'ancien régime par l'égoïsme, l'avarice, la cupidité, le pharisaïsme & l'intolérance.

Il falloit des prêtres assez philosophes pour se dépouiller de tous leurs préjugés théologiques , de toutes leurs illusions scholasti-

ques , de tous leurs intérêts personnels , &
de toutes leurs prétentions liberticides contre
le règne des opinions religieuses.

Il falloit des pasteurs voulant sincèrement
le triomphe de la nouvelle Constitution ,
s'appliquant sérieusement à en faire voir au
peuple toutes les beautés, & à déraciner de
son cœur & de son esprit aveuglés tous les
germes du fanatisme & de la superstition ;
des pasteurs dont les mœurs & la conduite
répondissent publiquement à la sublimité de
leur charge, dont les soins, les conseils &
les administrations tendissent toujours à la
paix, à l'union, à l'honneur & à la prospérité
des familles, & non de ces prêtres, toujours
prêtres malgré leur serment civique, qui,
conservant dans leurs ames vénales toute
la gangrêne des vices ecclésiastiques, se con-
tentassent de jouir sensuellement d'un salaire
agréable, en n'employant leur tems qu'au
faste, aux plaisirs & aux passions les plus
indécentes : ces sortes de pasteurs qui, malheu-
reusement ne sont que trop communs, ne
sont pas faits pour être les apôtres d'un gou-
vernement républicain, dont tous les principes portent sur la justice & la vérité. Mais
le tems approche où, dans tous les états,
chacun sera récompensé suivant son mérite,
où la verge de la loi ne souffrira rien d'impur
dans le cœur & dans les actions de tous
ceux qui seront destinés à la faire observer
& à l'observer eux - mêmes.

Rallions-nous donc, Citoyens Républicains,

autour de la loi ; n'ayons qu'un même senti-
ment, lorsqu'il s'agit des intérêts de la Patrie ;
veillons constamment au bonheur de la République ; écrasons nos ennemis par - tout
où ils se trouvent; dénonçons-les à la justice
nationale ; ils recevront la peine de leurs
forfaits , & nous le prix de nos vertus ré-
publicaines.

La Société révolutionnaire de Lille, après avoir en-
tendu la lecture de cet acte authentique de la plus pure
vérité , a arrêté , à l'unanimité, l'impression, l'envoi
à la Convention nationale, aux Jacobins de Paris &
de tous les Départemens, à toutes les Autorités cons-
tituées , enfin à tout le Peuple de la République
entière ; qu'en outre il seroit envoyé au Ministre de
l'intérieur , avec invitation de la faire traduire dans
toutes les langues , comme le flambeau le plus propre
à éclairer tous les Peuples de l'Univers.

Lille , 21 Brumaire , l'an deuxième de la République
Françoise , une & indivisible.

Signé , TARGET, Vice - président.

A LILLE,

De l'Imprimerie de C. L. DEBOUBERS,
Place de la République.

www.ingramcontent.com/pod-product-compliance
Lightning Source LLC
LaVergne TN
LVHW021626170726
843501LV00010B/4173